DONATELLO
OU L'ART D'ANIMER LA MATIÈRE

— Un sculpteur avant-gardiste
à l'aube de la Renaissance

par Eliane Reynold de Seresin

50MINUTES

Avec la collaboration de Julie Piront

DONATELLO — 5

CONTEXTE — 7

Florence, la « florissante »

Florence, l'« humaniste »

Florence, la « renaissante »

BIOGRAPHIE — 11

Les portes du savoir

Une fulgurante réussite

Sous protection médicéenne

Le dernier voyage

CARACTÉRISTIQUES — 16

Donatello, héritier de l'antique

Exploiter les avancées de la Renaissance

Le souffle de l'esprit

SÉLECTION D'ŒUVRES — 19

Saint Georges et le dragon

David

Madeleine pénitente

DONATELLO, UNE SOURCE D'INSPIRATION — 27

EN RÉSUMÉ — 33

POUR ALLER PLUS LOIN — 34

DONATELLO

- **Nom ?** Donato di Niccolò di Betto Bardi (1386-1466), dit Donatello.
- **Naissance ?** Né en 1386 à Florence.
- **Mort ?** Décédé le 13 décembre 1466 à Florence.
- **Contexte ?** La Première Renaissance italienne ou *Quattrocento*.
- **Œuvres majeures ?**
  - *Saint Georges* (vers 1415-1417)
  - *Habacuc*, dit *Le Zuccone* (1423-1426)
  - *Le Festin d'Hérode* (vers 1435)
  - *David* (vers 1435-1440)
  - *Erasmo di Narni*, dit *Le Gattamelata* (1443-1453)
  - *Judith et Holopherne* (1455-1460)
  - *Madeleine pénitente* (vers 1457)

Héritier du gothique tardif, inspiré par les sculpteurs italiens Nanni di Banco (vers 1380-1421) et Nanni di Bartolo (actif entre 1419-1451), mais également fasciné par la civilisation gréco-romaine, Donatello mêle avec finesse les connaissances transmises par-delà les siècles pour les restituer dans une sculpture empreinte de la modernité de son temps. Ses œuvres conjuguent ainsi l'imitation, l'idéalisation et l'humanisme cher à son époque et à la Florence des xive et xve siècles, où il grandit et qui place l'homme au cœur de ses préoccupations.

Renouvelant sans cesse son art et poussant toujours plus loin ses recherches formelles, Donatello ne se repose jamais sur ses acquis. Précurseur d'une nouvelle manière de représenter les choses – issue notamment de sa maîtrise de l'espace, qui diffère à bien des égards de celle qu'on observe habituellement dans les statues gothiques –, il bouleverse la statuaire, devenant l'un des piliers de la Première Renaissance italienne. Mais plus encore, il est celui qui réveille les sculptures endormies et qui, sous les coups de son burin, leur insuffle la vie. Connaissant un immense succès dès son vivant, il initie la voie fondamentale par laquelle les plus grands sculpteurs ultérieurs passeront, dont les illustres Michel-Ange (1475-1564) et Auguste Rodin (1840-1917).

FLORENCE, LA « FLORISSANTE »

Lorsque Donatello voit le jour, Florence est une cité en pleine expansion, notamment sur le plan économique, grâce au développement de ses banques, à son commerce de la laine et de la soie, mais également à sa fabrication d'étoffes. De plus en plus influentes, les riches familles de marchands obtiennent le droit souverain de leur ville, qui devient une cité-État. En 1252, la « florissante » crée même sa propre monnaie en or, le florin, grâce à la corporation des changeurs et des banquiers, l'Arte del Cambio. C'est dire la puissance économique de Florence, qui assied progressivement son hégémonie sur toute la Toscane et même sur l'ensemble de la péninsule italienne.

Mais la prospérité a un coût et ne s'acquiert qu'au prix de violents bouleversements. Le conflit entre les guelfes, soutenant la papauté, et les gibelins, partisans du Saint Empire romain germanique, marque Florence du *Duecento* au *Cinquecento*, et a des répercussions sur tout le territoire italien. Mais en dépit de cela – et malgré la crise financière causée par la faillite de la banque Peruzzi en 1343, la Peste noire de 1348 qui voit s'éteindre les deux tiers de la population florentine, la famine de 1374 et de nombreux soulèvements populaires dont celui des Ciompi (opposant les prolétaires, comme le père de Donatello, aux riches marchands) en 1378 –, la ville ne cesse de gagner en importance, à la fois du point de vue économique et sur le plan culturel – les puissants possédant de plus en plus de moyens pour financer les arts.

Florence est encore secouée par plusieurs soubresauts politiques à l'aube du XVe siècle. Des guerres de clans grondent afin d'accéder aux fonctions régaliennes. La famille Médicis, qui doit son opulence à la banque, s'oppose aux Albizzi, les oligarques alors en place. Après avoir été enfermé puis contraint à l'exil en 1433, c'est un Cosme de Médicis (1389-1464) triomphant qui entre dans la cité florentine un an plus tard, rappelé par le peuple. Il est nommé gonfalonier, chef de la République de Florence, et installe la dynastie des Médicis au pouvoir pour trois siècles. En outre, protecteur des arts, Cosme l'Ancien instaure le mécénat et, dès lors, le faste de la cour des Médicis rayonne sur toute l'Europe. L'art devient un moyen privilégié pour affirmer sa puissance et son prestige. Les différentes cités-États, souvent dirigées par une dynastie (les Montefeltre à Urbino, les Este à Ferrare, les Sforza à Milan, les Gonzague à Mantoue), cherchent chacune à éblouir leurs voisins et sont à la source d'une émulation artistique sans précédent.

FLORENCE, L'« HUMANISTE »

Les Toscans Dante Alighieri (1265-1321), Pétrarque (1304-1374) et Boccace (1313-1375) sont les premiers à se tourner vers l'Antiquité pour y puiser un nouvel étalon de valeurs. Les textes anciens sont exhumés et font l'objet d'une étude minutieuse. À partir de 1453, lorsque les savants grecs fuient une Constantinople tombée aux mains des Ottomans, emportant avec eux les manuscrits gréco-romains, ils permettent à l'Occident de redécouvrir tout un pan de civilisation enfoui dans les mémoires depuis plusieurs siècles. Cet intérêt pour l'Antiquité pose les fondements de l'humanisme.

S'il s'agit en premier lieu d'un courant intellectuel s'intéressant aux manuscrits anciens, la pensée humaniste se définit également par la nouvelle attention accordée à l'homme et à son épanouissement. Désormais, le divin, auparavant au cœur de toutes les préoccupations, est supplanté par l'humain. « Il n'y a rien de plus admirable dans le monde que l'homme », écrit le philosophe florentin Jean Pic de la Mirandole (1463-1494) dans son *Discours sur la dignité de l'homme* (1486). À Florence, Cosme de Médicis réunit autour de lui de nombreux humanistes et lettrés afin de réfléchir, grâce à l'éclairage des textes gréco-latins, et notamment ceux de Platon (vers 427-347 av. J.-C.), à la nouvelle importance accordée à l'homme. Une université platonicienne, dirigée par Marsile Ficin (1433-1499), voit même le jour et devient l'un des plus hauts lieux culturels du *Quattrocento*.

FLORENCE, LA « RENAISSANTE »

À la fin du XIVe siècle, l'engouement pour la civilisation gréco-romaine, tant pour ses canons littéraires et philosophiques qu'artistiques ou politiques, est total. Ce réveil à l'Antiquité, ce *rinascimento* comme le disent les Italiens, a d'importantes conséquences sur les arts. Les chefs-d'œuvre antiques sont les nouveaux modèles à imiter, et on ressuscite les codes gréco-romains. Là encore, le berceau de ce renouveau artistique n'est autre que la cité florentine. Cosme de Médicis, en soutenant des artistes tels que Lorenzo Ghiberti (1378-1455) ou Filippo Brunelleschi (1377-1446), donne un nouveau visage à sa ville. Son protectorat envers les arts sera ensuite poursuivi par son petit-fils, Laurent de Médicis (1449-1492), faisant de Florence la capitale de la Première Renaissance.

Si cette révolution artistique est amorcée dès le début du XIVe siècle par le peintre Florentin Giotto (1266-1337), entre autres, d'aucuns considèrent que c'est le concours des portes du baptistère de Florence en 1401 qui symbolise pleinement l'entrée de la ville dans la Renaissance. Ce concours porte sur la réalisation d'une série de panneaux en bronze destinés à décorer les portes du baptistère San Giovanni de la cathédrale Santa Maria del Fiore, un projet qui exige d'avoir recours aux plus grands artistes de l'époque. Ainsi, on comprend sans mal l'effervescence artistique incroyable qui règne dans la cité. Si plusieurs artistes tentent leur chance, deux d'entre eux se démarquent véritablement : Brunelleschi et Ghiberti. C'est ce dernier qui remporte finalement le projet, qui nécessite 27 années de travail.

Désormais, l'art tend vers davantage de réalisme, et chaque artiste veille à respecter les règles de la perspective et les proportions des corps. L'Église s'engage également dans cette voie. Les ordres franciscain et dominicain souhaitent que l'art religieux se détourne du style byzantin, trop figé, afin d'humaniser le divin : le fils de Dieu a désormais la même taille que les autres personnages. Leon Battista Alberti (1404-1472) consigne dans son traité de peinture, *De Pictura* (1435), toutes les avancées artistiques de l'époque, inspirées des travaux d'Euclide (IIIe siècle av. J.-C.) et de Vitruve (vers 90-20 av. J.-C.). Il cite également les innovations de Brunelleschi en matière de perspective, celles de Giotto, de Masaccio (1401-1428) et de Piero della Francesca (1416-1492) en peinture, ainsi que celles de Donatello en sculpture.

LA STATUAIRE GOTHIQUE

On trouve dans la statuaire italienne gothique du Moyen Âge de nombreuses persistances de l'art roman et de l'art byzantin. Elle tend à s'immobiliser conformément à une tradition religieuse où la représentation du sacré doit rester solennelle et s'éloigner du naturel. Ainsi, avant Donatello, les sculptures gothiques ont un aspect figé, hiératique et impersonnel, et sont ancrées dans l'universel. Si les figures prennent malgré tout peu à peu des visages humains, il ne s'agit pas encore d'individus : ce sont des types. Jacopo della Quercia (vers 1374-1438), Nanni di Banco ou encore Nanni di Bartolo, les prédécesseurs directs de Donatello, opèrent donc déjà une transition vers le naturalisme qui permettra au sculpteur florentin d'accomplir à son tour un tournant majeur dans l'histoire de la statuaire.

LES PORTES DU SAVOIR

Né en 1386 à Florence, Donatello se forme d'abord chez un orfèvre, puis auprès du peintre et sculpteur Biccidi Lorenzo (1373-1452), avant d'entrer dans l'atelier de Lorenzo Ghiberti entre 1403-1404 et 1407. Celui-ci travaille alors sur les portes du baptistère et permet à Donatello de l'assister, faisant découvrir au jeune artiste le travail du bronze, jusque-là peu exploité dans les œuvres sculptées. C'est dire s'il est au cœur des innovations artistiques de son temps !

C'est également au sein de cet atelier qu'il rencontre Filippo Brunelleschi. Âgé de 20 ans, Donatello accompagne ce dernier à Rome pour y exhumer les vestiges de la civilisation gréco-romaine et les étudier. Les deux amis échangent leurs savoirs et n'hésitent pas à se montrer critiques l'un envers l'autre. C'est ainsi que, vers 1412-1413, alors que Donatello vient d'achever un crucifix pour l'église de Santa Croce, Brunelleschi lui dit que son Christ ressemble à un paysan. Vexé, le jeune sculpteur met son ami au défi de réaliser une œuvre plus réussie. Invité dans l'atelier de Brunelleschi en rentrant du marché, Donatello, stupéfait par la beauté de sa sculpture, aurait lâché son panier de provisions, laissant se briser tous les œufs, et se serait écrié : « À côté de ce Christ, le mien n'est qu'un paysan crucifié ! » Que cette anecdote racontée par Giorgio Vasari (1511-1574) dans ses *Vies des meilleurs peintres, sculpteurs et architectes* (1550 et 1568) soit réelle ou non, tout porte à croire qu'il existe une saine émulation entre les deux artistes.

UNE FULGURANTE RÉUSSITE

Très vite, Donatello reçoit différentes commandes, notamment pour la cathédrale Santa Maria del Fiore. Il compose ainsi, entre 1404 et 1408, différents prophètes pour la porte de la Mandorle et, entre 1408 et 1412, son premier *David*, à mi-chemin entre style gothique et renaissant, pour le dôme. Mais c'est surtout son *Saint Jean-Baptiste* (1410-1411) qui marque les esprits, au point, dit-on, qu'il inspira le *Moïse* (1513-1515) de Michel-Ange. En parallèle de son travail pour la cathédrale, il sculpte les apôtres pour la façade d'Orsanmichele (1408-1415). S'écartant de la représentation classique, il leur donne le visage de personnes réelles. Toujours pour le dôme de Santa Maria del Fiore, il crée vers 1420-1425 une autre statue de prophète, *Le Pogge*, dont le réalisme et la force marquent un tournant dans la carrière de Donatello. Suivent, pour le campanile, *Abraham* (1423-1426), *Habacuc* dit *Le Zuccone* (1423-1426) et *Jérémie* (1423-1426).

Entre 1425 et 1433, il s'associe à un autre sculpteur, Michelozzo (1396-1472). De leur collaboration, qui durera près d'une décennie, naissent de nombreuses œuvres, dont le *Tombeau de l'antipape Jean XXIII* (vers 1425-1427), en marbre et en bronze, placé dans le baptistère de Florence. C'est la première tombe majestueuse de la ville. Donatello et Michelozzo exécutent également la tombe du cardinal Brancacci (1426-1428), située à Naples, et c'est à cette même époque que l'artiste réalise la *Madonna Pazzi* (vers 1425-1430), qui a un succès retentissant.

Les commandes affluent et sa renommée grandit, dépassant largement les frontières de la ville de Florence. Donatello, qui travaillait jusque-là essentiellement la pierre et le marbre, s'intéresse de plus en plus au bronze. Vers 1428, sur les chaires qui ornent la façade de la cathédrale de Prato naissent des *putti* dont la grâce et l'allégresse deviennent la signature du sculpteur. Puis il part travailler à Rome, où il réalise notamment le *Tabernacle du Saint-Sacrement* pour la basilique Saint-Pierre, entre 1430 et 1433. Rentré à Florence en 1433, Donatello sculpte le magnifique bas-relief de *L'Annonciation* pour l'église Santa Croce. La même année, les Médicis sont exilés et Michelozzo les suit à Venise, rompant ainsi son association avec Donatello.

SOUS PROTECTION MÉDICÉENNE

Donatello honore désormais ses commandes seul, parmi lesquelles les bas-reliefs de la Cantoria (tribune des chantres) de Florence entre 1433 et 1439. Sa composition est ingénieusement structurée par des colonnes que le sculpteur a taillées à l'avant-plan afin de libérer un espace où se déploie une danse de *putti*. Ces angelots empreints de vie sont révélateurs du caractère du sculpteur. Sans attache et non marié, il semble vivre au jour le jour au gré des commandes.

En 1434, lors de son retour en grâce, Cosme de Médicis prend l'artiste sous sa protection, le déchargeant ainsi de tout souci financier. Il lui commande pour la vieille sacristie de la basilique San Lorenzo des bas-reliefs narrant la vie de saint Jean, des médaillons représentant les évangélistes, ainsi que deux dessus de porte. Vers 1435, vraisemblablement, il lui commande le fameux *David* en bronze, un véritable chef-d'œuvre. C'est à la même période que Donatello accomplit pour le baptistère de Sienne *Le Festin d'Hérode*. L'artiste exécute par ailleurs les chambranles des portes de la cathédrale de Florence en 1437 puis, un an plus tard, il sculpte des œuvres pour la Sérénissime.

Après avoir effectué de très nombreuses commandes pour les Médicis, Donatello s'installe à Padoue pour réaliser la célèbre statue du *condotierre* Erasmo di Narni, dit le Gattamelata, entre 1443 et 1453. C'est l'une des œuvres les plus monumentales du XVe siècle ; elle fait écho à la statue antique de l'empereur romain Marc-Aurèle située sur le Capitole. L'exploit du sculpteur est d'être parvenu à couler l'œuvre en un seul bloc malgré la masse de la monture et du cavalier. Si la référence gréco-romaine est incontestable, ici, Donatello nous offre également le portrait de l'homme idéal qui sera tant recherché aux XVe et XVIe siècles. Parallèlement, il exécute le maître-autel de la basilique Sant'Antonio de Padoue, entre 1446 et 1450. Il s'agit là aussi d'un travail colossal qui comporte sept statues en bronze, de nombreux bas-reliefs, les panneaux des symboles des évangélistes, les épisodes de la vie de saint Antoine, etc.

LE DERNIER VOYAGE

De Padoue, Donatello voyage à travers la péninsule italienne, notamment à Venise, Modène ou Ferrare, s'abreuvant sans cesse de nouvelles influences dont il nourrit son art. En 1456, de retour dans sa ville natale, il sculpte *Judith et Holopherne* (1455-1460) dont le mouvement, qui incite le spectateur à faire le tour de la statue, inspirera de nombreux sculpteurs. Située aujourd'hui place de la Seigneurie, elle fut conçue à l'origine pour la place Médicis, comme un symbole de la suprématie de la famille florentine. Un an plus tard, en 1457, Donatello réalise son extraordinaire *Madeleine pénitente* pour le baptistère de Florence.

À la mort de Cosme de Médicis, en 1464, Pierre Ier de Médicis (1416-1469) accède au pouvoir et poursuit la volonté testamentaire de son père en protégeant Donatello : il lui offre un domaine. Mais, incapable de gérer une telle affaire, le sculpteur, après différentes pérégrinations, retourne dans sa modeste maison florentine. Atteint de paralysie et incapable de manier ses outils, il doit sa subsistance aux largesses des Médicis qui lui assurent une rente viagère. À son décès en 1466, la ville lui offre des funérailles officielles dignes du plus grand chef d'État. Orfèvres, peintres, architectes et sculpteurs suivent sa dépouille quand d'autres la portent. Donatello, selon ses vœux, repose auprès de celui qui fut son plus grand mécène, Cosme de Médicis, dans l'église de San Lorenzo. Sur son monument funéraire est gravée l'épitaphe suivante : « Tout ce qu'avec une main experte beaucoup ont fait jadis pour la sculpture, Donato l'a fait de nos jours à lui seul. »

DONATELLO, HÉRITIER DE L'ANTIQUE

Donatello est l'un des premiers sculpteurs, avec Brunelleschi et Ghiberti, à revenir à l'Antiquité. Formé dans l'atelier de ce dernier, qui met particulièrement à l'honneur la civilisation gréco-romaine, il emprunte de nombreux éléments à cette période pour les faire siens. Ainsi, il renoue avec la statuaire indépendante, alors que les statues avaient été reléguées à un rôle purement ornemental dans l'architecture italienne durant le Moyen Âge. Donatello réalise des statues en ronde-bosse, autour desquelles on peut tourner, comme les Anciens en avaient fabriquées, à la gloire de personnage illustres ou de divinités.

Il réinterprète également certains sujets chers à l'Antiquité tel que le nu, qui avait été abandonné aux siècles précédents, les statues équestres en ronde-bosse ou encore les *putti*. En outre, il leur emprunte certaines poses, comme le *contrapposto*, particulièrement travaillé dans son *David* ou dans *Judith et Holopherne*. Enfin, il utilise à nouveau le bronze, un matériau délaissé au Moyen Âge, mais qui séduit l'artiste toscan par sa résistance, son aspect et les possibilités techniques qu'il offre.

Plus généralement, il renoue également avec l'idéal antique, recherchant la plénitude de la forme pour elle-même, en particulier dans ses œuvres de jeunesse et de maturité. Ses statues sont reconnaissables entre toutes à la grâce qui les anime. À l'instar des artistes antiques, il estime que le beau est un absolu, et il n'a de cesse de chercher la pause et le geste juste. On note ainsi dans ses réalisations, surtout entre 1420 et 1440, une grande recherche de finesse, de légèreté et d'élégance, comme en témoigne son *David*.

EXPLOITER LES AVANCÉES DE LA RENAISSANCE

Bien que Donatello se pose en héritier de l'art gréco-romain, il est également et avant tout profondément ancré dans son époque. Exerçant son art au cœur d'une Florence en pleine révolution culturelle, il utilise toutes les innovations du moment pour mieux servir sa sculpture. Aussi exploite-t-il notamment, dans ses bas-reliefs, les avancées sur la perspective pour créer le *rilievoschiacciato* ou « relief écrasé ». Il s'agit de sculpter avec précision et minutie l'arrière-plan, en atténuant progressivement l'épaisseur du relief pour donner une impression de profondeur, tout en évitant une ombre préjudiciable. Le sculpteur invente cette technique vers 1415-1417 pour le bas-relief réalisé sur le piédestal de son *Saint Georges* d'Orsanmichele.

Par ailleurs, il sculpte toujours ses statues en pensant à l'endroit où elles seront installées et à la façon dont le spectateur pourra les observer. Il emploie alors différents subterfuges, comme l'inclinaison de la tête, car il sait qu'on regardera son œuvre en contre-plongée.

En outre, si ses sujets sont d'inspiration religieuse ou antique, force est de constater que les visages de ses personnages sont loin d'être une pâle imitation des figures de l'époque : ils ont les traits individualisés de Florentins du XVe siècle. Déjà dans les sculptures des apôtres réalisées pour la cathédrale Santa Maria del Fiore au début de sa carrière, on peut constater combien les visages de Donatello sont modernes. Peu à peu, ses personnages sont également parés de tenues contemporaines et s'inscrivent ainsi de plain-pied dans leur époque. En accord avec la philosophie humaniste, c'est l'homme de son temps qui intéresse l'artiste.

LE SOUFFLE DE L'ESPRIT

Si les œuvres de Donatello sont empreintes d'une grâce et d'un raffinement indéniables, la caractéristique la plus marquante de ses sculptures est sans aucun doute l'expressivité de ses personnages. L'artiste florentin n'a pas son pareil pour leur insuffler la vie, qu'ils soient de marbre ou de bronze, s'éloignant par là du caractère impersonnel des statues de ses prédécesseurs. Troublantes d'humanité, de réalisme et de vérité, ses œuvres sont réellement incarnées. À cet égard, *Le Pogge*, *Le Zuccone* et *Jérémie* marquent un véritable tournant dans son art, révélant le grand Donatello. La rumeur ne raconte-t-elle pas qu'en réalisant *Le Zuccone*, l'artiste se serait écrié « Parle, parle ! » ?

Mais le génie de Donatello va encore plus loin. Dans ses œuvres tardives, la vie qui animait jusque-là ses statues se mue en un véritable tumulte intérieur qui bouleverse ses derniers chefs-d'œuvre. Par leur expressivité, ses réalisations sont étonnamment modernes pour l'époque, telles le *Saint Jean-Baptiste* de Sienne (1457) et la *Madeleine pénitente* (vers 1457), dont les visages décharnés trahissent le désordre intérieur. Désormais, le maître, au sommet de son talent, délaisse la quête de l'idéal et du beau parfait prônés par l'art renaissant pour s'engager vers un langage plus personnel. Avec son burin, il libère l'âme humaine et en explore les tréfonds. Il entre véritablement dans la peau de ses personnages, pour nous révéler tantôt un jeune homme victorieux qui se sait promis à un grand avenir, tantôt une femme épuisée par les privations et les renoncements, devenant au fil des ans la repentance personnifiée. Donatello, au cœur d'une Renaissance qui loue l'imitation de la nature et le réalisme, devient expressionniste, mû par un nouveau besoin de sincérité et de justesse.

SAINT GEORGES ET LE DRAGON

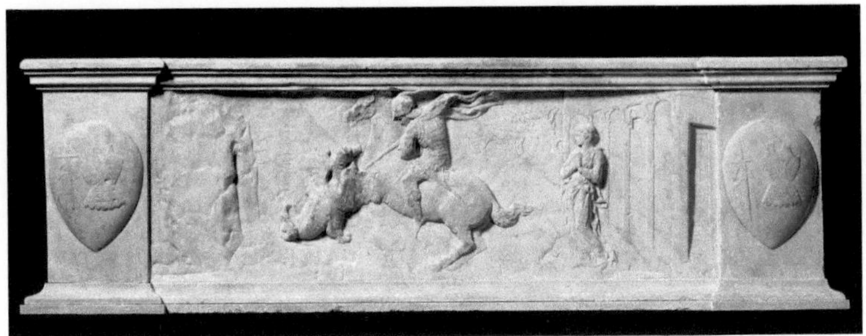

Saint Georges et le dragon, vers 1415-1417, marbre, 39 x 120 cm, Florence, museo nazionale del Bargello. Soubassement de la sculpture *Saint George*.

Cette œuvre commandée par la corporation des armuriers constitue la prédelle illustrant le soubassement de la sculpture *Saint Georges* réalisée pour la façade d'Orsanmichele. Représentant le combat de saint Georges avec le dragon, elle s'inspire d'un recueil de vie de saints rédigé par Jacques de Voragine (vers 1228-1298), la *Légende dorée*. Le bas-relief de l'œuvre marque un important tournant dans l'histoire de l'art : alors que Brunelleschi vient à peine de définir les lois objectives et scientifiques de la perspective, Donatello grave déjà dans le marbre les nouvelles règles tout en les retranscrivant avec son propre langage. Il utilise le principe de la perspective linéaire, soulignée par les arcades, qui converge vers un point de fuite. Mais plus encore, pour cette sculpture, il crée le principe révolu-tionnaire du relief écrasé, le *rilievoschiacciato*. Ainsi, cette œuvre se situe au confluent de l'inspiration antique, visible à travers le décor architectural, et le savoir-faire de la Renaissance.

En outre, le cavalier et sa monture sont d'une énergie extraordinaire. Terriblement vivants et réalistes, ils semblent vouloir sortir
du cadre. Ici, point de transcendance, saint Georges est un simple
cavalier prêt à en découdre. Cette fougue, cette énergie vitale,
presque brutale, est caractéristique des œuvres de Donatello.
Son saint Georges combattant le dragon exhale l'odeur du combat.
Inspiré par les tumultes politico-sociaux qui ne cessent de secouer
la péninsule italienne, Donatello avait sous les yeux des milliers de
modèles pour façonner son guerrier ; c'est peut-être pour cela qu'il
semble aussi réel. Avec cette œuvre, le sculpteur, âgé de seulement
31 ans, inscrit déjà son nom parmi ceux des plus grands artistes de
son temps.

DAVID

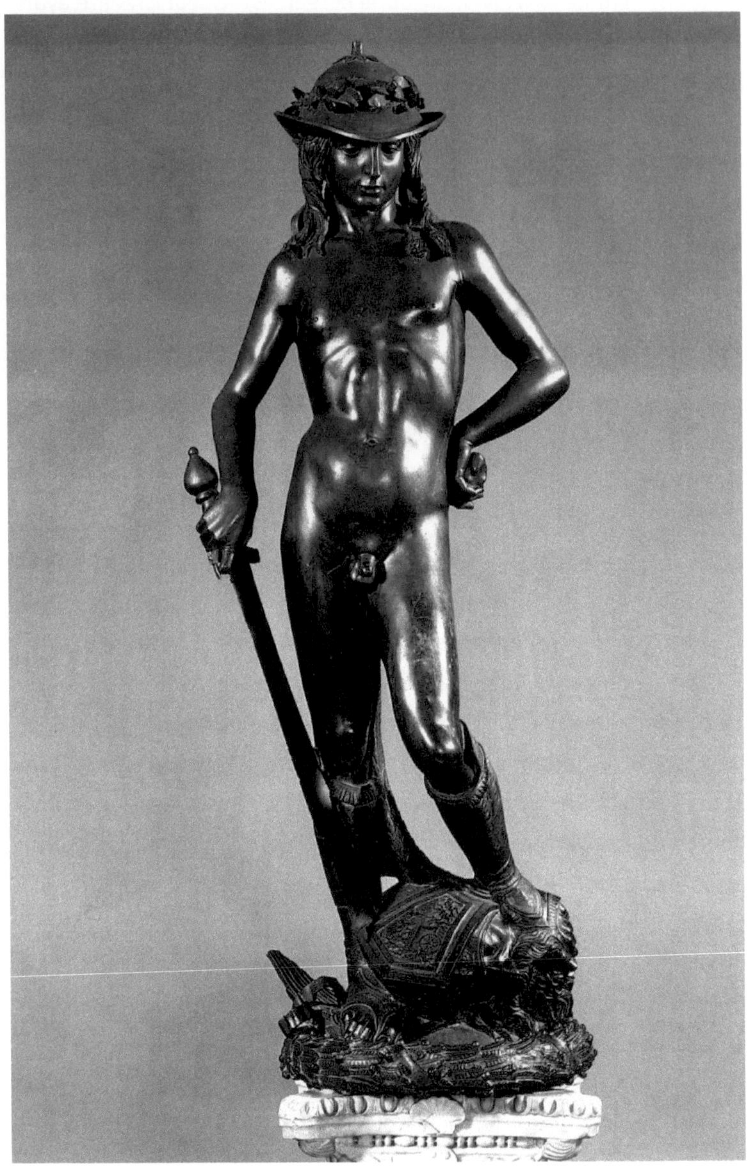

David, vers 1435-1440, bronze, 158 cm, Florence, museo nazionale del Bargello.

Cette sculpture évoque un passage du premier livre de Samuel dans l'*Ancien Testament* : David, un jeune berger, est le seul Israélite ayant assez de courage pour combattre le géant philistin Goliath, afin de libérer son peuple. Considérée à l'époque comme le plus grand bronze nu grandeur nature coulé depuis l'Antiquité, cette œuvre prête entièrement allégeance aux codes et aux valeurs antiques comme l'attestent le matériau utilisé (le bronze) ainsi que la nudité du héros. Car si le nu fut délaissé au Moyen Âge, il était légion chez les Gréco-Romains. Le corps représenté est celui d'un jeune adolescent, juvénile et innocent, qui vient d'abattre d'un jet de pierre le géant Goliath. Si l'action est révolue, comme le montrent l'épée et la tête décapitée, la pierre dans la main gauche du héros nous renseigne sur ce qu'il s'est passé. Donatello offre donc ici une synthèse complète de l'histoire.

La pause est, elle aussi, une référence aux Anciens, qui utilisaient fréquemment le *contrapposto* pour souligner la tension du corps. Appuyé sur sa jambe droite alors que sa jambe gauche est posée sur la tête du géant, le héros a l'épaule droite légèrement affaissée. Ce déhanchement était un progrès technique révolutionnaire dans l'Antiquité. Abandonné au Moyen Âge, époque à laquelle les statues étaient plus figées, le *contrapposto* permet ici de donner une grande liberté de mouvement à l'ensemble. Toutefois, si cette sculpture est d'inspiration antique, elle trahit également les avancées de son temps et la modernité de l'artiste. En proposant une tête légèrement inclinée, il utilise les lois de la perspective pour servir l'effet que doit susciter le personnage qui devait être admiré de loin et en contre-plongée.

Bien qu'aucune commande ne soit officiellement attestée, il est désormais communément admis que Cosme de Médicis serait le commanditaire de cette œuvre et qu'il la destinait à orner la cour intérieure de son palais. Est-ce le symbole de la lutte de Florence face aux ducs de Milan ou celui de la victoire de Cosme contre les Albizzi ? Il n'est aucune certitude. En revanche, le sens civique de cette sculpture est confirmé grâce à l'inscription sur le soubassement, « *Vincite cives* » (« Citoyens, soyez vainqueurs »). David serait ainsi l'emblème de la liberté et des vertus de la République florentine. Son casque est d'ailleurs orné de lauriers, symboles de victoire, et sa nudité, parce qu'elle fait écho aux héros gréco-romains représentés dans leur plus simple appareil, incarne l'héroïsme. Pour autant, point de triomphalisme dans la composition : tout n'est que finesse et retenue.

C'est également la victoire de la beauté et du raffinement sur la force qui nous est donné à voir. Avec son pétase (chapeau à bord large porté par les Grecs), David ressemble à un éphèbe et semble être inspiré du dieu Hermès (dont l'attribut est le pétase). La silhouette androgyne du héros nous montre qu'il n'est pas encore un homme, mais plutôt un frêle adolescent à l'aube de l'âge adulte. En cela, il diffère totalement des sculptures grecques à la musculature très développée. Dans la pensée humaniste, la jeunesse est l'âge de la plénitude et de la perfection. Ainsi, les jeunes hommes à mi-chemin entre l'enfance et l'âge adulte sont souvent androgynes, voire efféminés, et sont le symbole de l'innocence et la pureté. Dès lors, ce jeune homme raffiné et élégant illustre à la fois la République florentine victorieuse et l'idéal de la Renaissance.

Enfin, notons que ce *David* est également animé du souffle de vie si caractéristique des œuvres du maître florentin. À cet égard, Vasari dit à juste titre que « [son] attitude est si naturelle dans sa vivacité et sa douceur que les artistes ne trouvent guère possible de croire qu'il n'a pas été moulé sur un modèle vivant » (VASARI (Giorgio), *Vies des artistes*, Paris, Grasset et Fasquelles, 2007).

MADELEINE PÉNITENTE

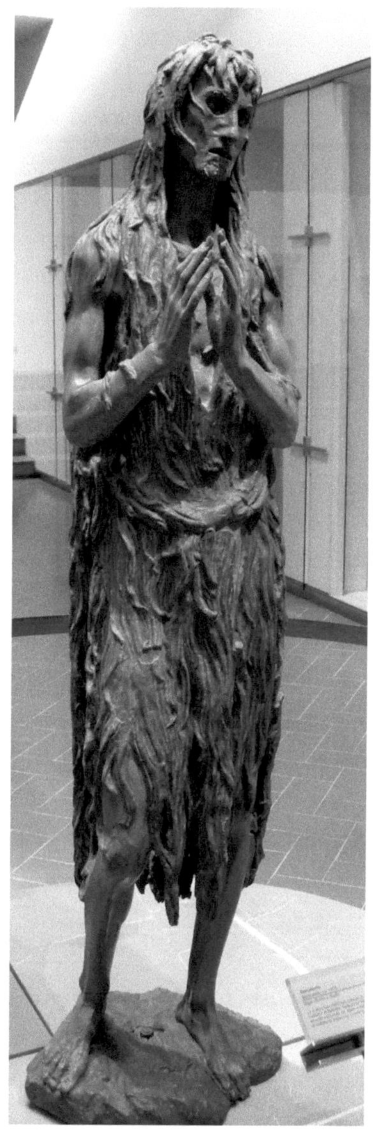

Madeleine pénitente, vers 1457, bois de peuplier polychrome, 188 cm, Florence, museo dell'Opera del Duomo.

Réalisée à retour de Padoue, la *Madeleine pénitente* de Donatello semble être une commande pour le baptistère de Florence. Étonnante et bouleversante, cette œuvre a certainement marqué profondément les esprits de l'époque. On retrouve d'ailleurs dans les archives une not évoquant la volonté de Charles de Valois d'acheter cette œuvre à prix d'or en 1494. Réalisée pour une corporation de riches marchands spécialisée dans le commerce, la sculpture est attestée dans le baptistère en 1500.

Loin de représenter la Vénus que des siècles d'art célébreront, Donatello nous offre ici une sculpture dont l'aspect érémitique est presque effrayant. La tenue de sa Madeleine est en lambeau, tout comme son visage. Ses yeux sont enfoncés et sa bouche ouverte montre qu'elle est édentée. Hagarde, elle semble perdue, mais tente de joindre ses mains en une ultime prière. La sainte est par ailleurs squelettique, quasi décharnée : son corps émacié ne laisse percevoir que les tendons, l'ossature et les muscles ou du moins ce qu'il en reste, traduisant des années de privations. À cet égard, Donatello fait preuve d'une grande connaissance de l'anatomie humaine.

Ici, le sculpteur délaisse les matériaux nobles comme le marbre ou le bronze, au profit du bois de peuplier blanc. Plus tendre et plus malléable, celui-ci lui permet de souligner davantage les contrastes et les reliefs. Dans les cheveux de Marie-Madeleine, on retrouve des fils d'or, sans doute pour évoquer la beauté de la sainte dans sa jeunesse. On relève également, par endroits, du plâtre et de la filasse. Bien que restaurée, cette sculpture a été très abîmée par la crue de l'Arno qui a endommagé, en 1966, un grand nombre d'œuvres d'art. Avec sa *Madeleine pénitente*, s'éloignant de l'idéal humaniste de la Renaissance, Donatello dépasse la volonté d'imitation de la nature et de réalisme pour devenir expressionniste. L'artiste secoue en effet la tradition médiévale qui représente habituellement Marie-Madeleine de manière quasi virginale ou belle comme une Vénus. Ici, elle apparaît comme un cri dans la nuit, comme l'expression vivante de la repentance, de la douleur et de la privation, ou encore comme une allégorie de la mort.

On note tout de même une grande différence de facture et de réalisation entre les mains de jeune fille de Marie-Madeleine et son corps de vieille femme. Ses mains dénotent tellement avec le reste qu'elles en semblent dissociées. Peut-être incarnent-elles la prière, l'élévation, l'espoir d'une rédemption, tandis que le reste du corps, terriblement abîmé et usé par le temps et les privations, est définitivement ancré sur terre ? Le mystère demeure entier.

Cette sculpture souligne particulièrement bien le talent et l'originalité de Donatello. S'il est en phase avec les idéaux de la Renaissance et à la pointe des dernières avancées artistiques et scientifiques, force est de constater qu'il n'a de cesse de se remettre en question. Même à la fin de sa carrière, Donatello cherche encore à se renouveler, comme en témoigne cette œuvre, ce qui est sans doute la marque des plus grands. Sa *Madeleine pénitente* est aujourd'hui considérée comme l'une de ses sculptures testamentaires.

DONATELLO, UNE SOURCE D'INSPIRATION

La modernité dont Donatello fit preuve ne pouvait qu'entraîner à sa suite de nombreux émules. Révolutionnaire, son art étend même son influence à d'autres domaines que la sculpture. Ainsi, le tombeau qu'il conçoit avec Michelozzo en 1425-1427 pour l'antipape Jean XXIII deviendra une référence pour les monuments funéraires à venir, qui reprendront la même composition : un baldaquin, un gisant ainsi que les vertus théologales, comme le montrent les tombeaux de Leonardo Bruni exécuté par Bernardo Rossellino (1409-1464) en 1444-1447 dans l'église Santa Croce ou de Carlo Marsuppini réalisé par Desiderio da Settignano (vers 1430-1464) en 1453-1454 également à Santa Croce.

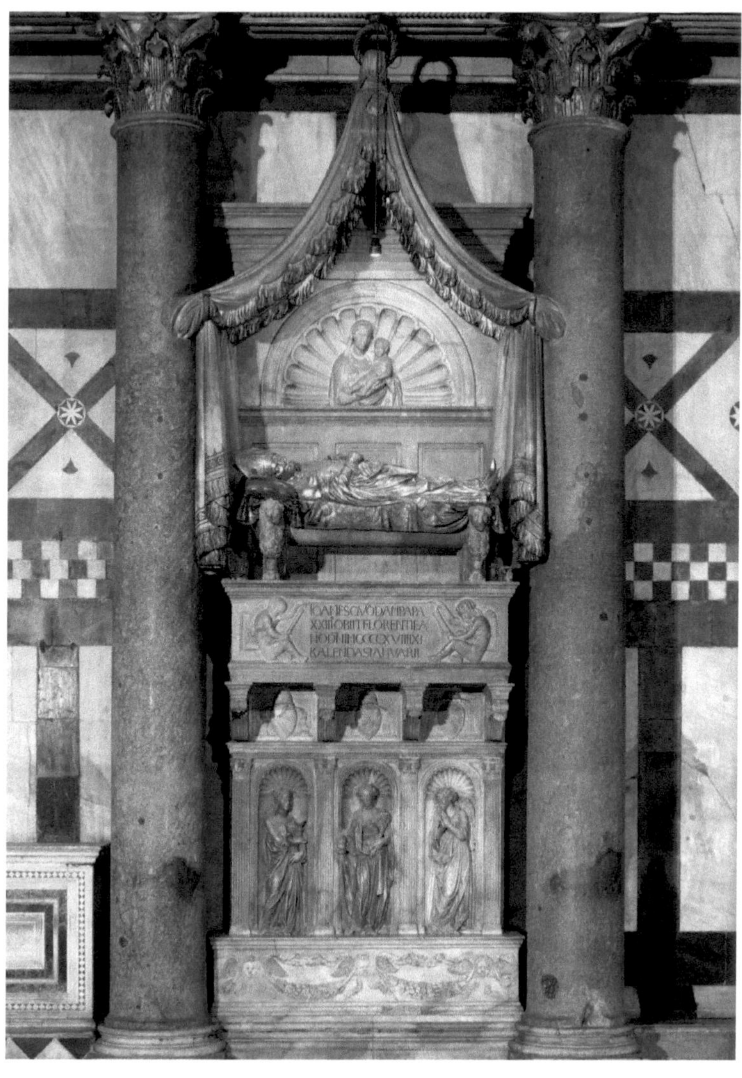

DONATELLO et MICHELOZZO, *Tombeau de l'antipape Jean XXIII*, 1425-1427, marbre et bronze, Florence, Santa Maria del Fiore, baptis-tère saint Jean.

On remarque également l'impact du maître chez des peintres tels qu'Andrea Mantegna (1431-1506). L'influence du sculpteur est nettement perceptible dans ses fresques de la vie de saint Jacques peintes dans la chapelle Ovetari de l'église des Eremitani de Padoue, sa première grande œuvre. On y retrouve en effet des similitudes à peine voilées dans les attitudes des personnages. Les innovations techniques de Donatello, notamment le relief écrasé destiné à donner un effet de perspective, influenceront aussi des peintres ultérieurs, à l'instar de Léonard de Vinci (1452-1519), dans leurs recherches sur la perspective atmosphérique ou *sfumato*.

Enfin, pour revenir à la statuaire, certaines œuvres sont un hommage plus qu'appuyé au maître, par exemple la *Madone Panciatichi* (1453) de Desiderio da Settignano. Si le thème de la Vierge à l'Enfant est universel, l'artiste se sert du même matériau et des mêmes codes de représentation que Donatello, reprenant à son compte le relief écrasé afin de servir au mieux l'effet de perspective. La parenté entre les deux œuvres ne fait aucun doute. De même, le *David* (1473-1475) d'Andrea Verrocchio (1435-1488), par sa facture en bronze et en ronde-bosse, la sveltesse androgyne du héros, sa pause en *contrapposto* ou encore la position un rien féminine de sa main gauche posée sur sa hanche, porte intrinsèquement la signature que Donatello a laissée sur son *David* plus de 30 ans auparavant.

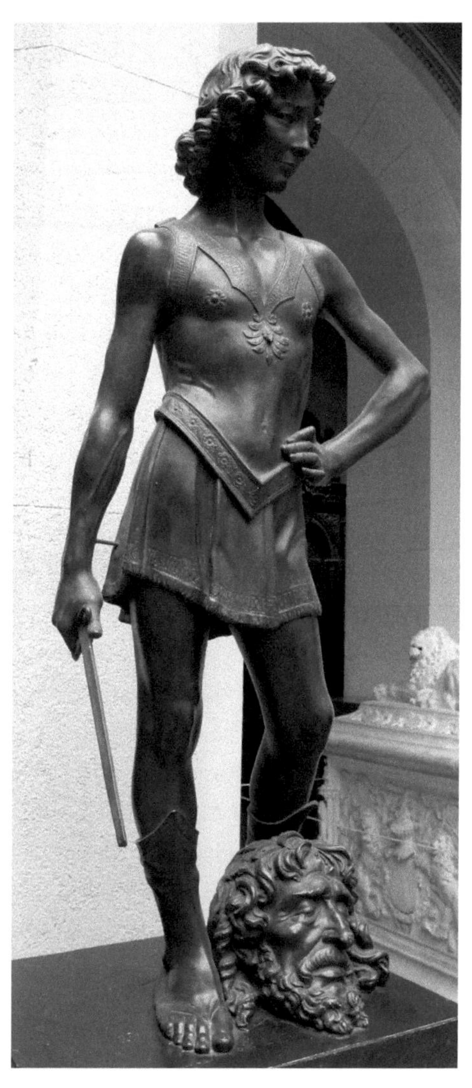

VERROCCHIO (Andrea), *David*, 1473-1475, bronze, 126 cm, Florence, museo nazionale del Bargello.

Les innovations du maître florentin sont telles que Michel-Ange lui-même n'a pu s'affranchir totalement de sa puissante modernité. D'aucuns voient dans son *Moïse* (vers 1513-1515) une parenté avec

Saint Jean l'Évangéliste d'Orsanmichele (1410-1411). Si la pause et la corpulence peuvent effectivement s'y référer, c'est surtout ce souffle de vie inhérent aux statues de Donatello que Michel-Ange a récupéré. Le regard enflammé de son apôtre rappelle incontestablement les yeux des personnages de son aîné.

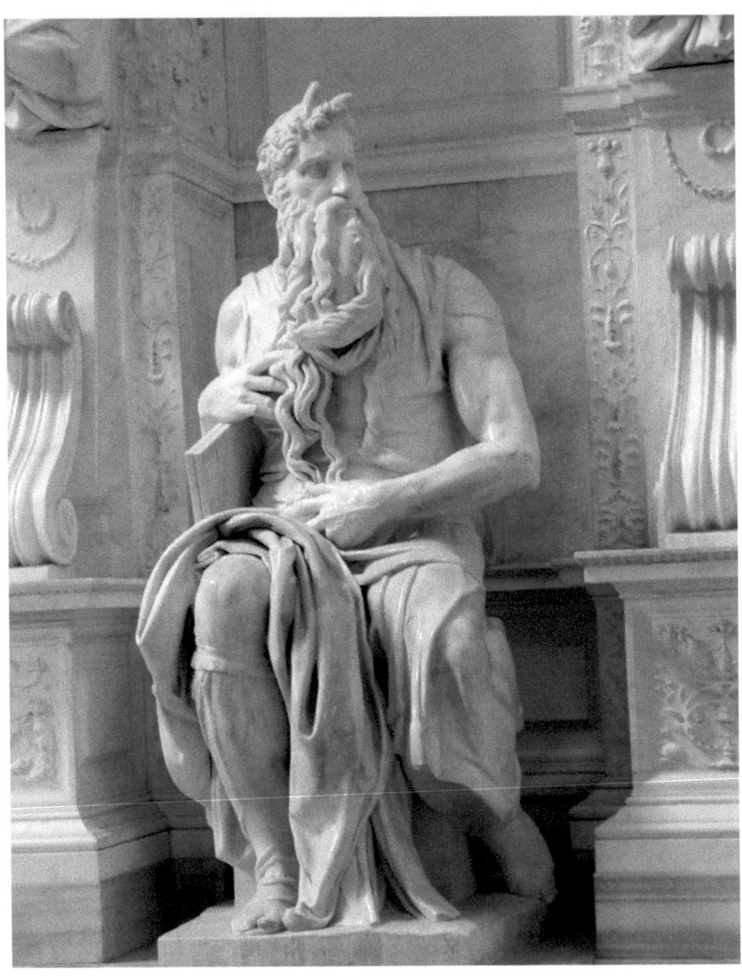

MICHEL-ANGE, *Moïse*, vers 1513-1515, marbre, 235 cm, Rome, église San Pietro in Vincoli.

Enfin, notons que l'expressionnisme, ô combien révolutionnaire, de sa *Madeleine pénitente* trouve encore un écho chez l'un des plus grands sculpteurs du XIXe siècle, Auguste Rodin, dont l'art s'inscrit directement dans la filiation de Donatello et de Michel-Ange.

EN RÉSUMÉ

- Donatello est l'un des premiers sculpteurs, aux côtés de Ghiberti, à ressusciter l'Antiquité. À cet égard, il reprend à la fois les matériaux, les sujets, les pauses et les préceptes légués par les Anciens, et poursuit leur quête d'idéal qui sera caractéristique de l'art de la Renaissance.

- Profondément réalistes et résolument tournées vers l'homme, ses œuvres sont le témoin de l'humanisme qui naît à cette époque à Florence. Elles se démarquent en outre de celles de ses prédécesseurs par le souffle de vie que Donatello parvient à insuffler à ses personnages.

- Homme de son temps, à la pointe des dernières avancées techniques, il est l'auteur du premier bas-relief écrasé réalisé en utilisant les lois de la perspective récemment définies. Il est également à l'origine du premier nu en bronze grandeur nature en ronde-bosse réalisé depuis l'Antiquité.

- Par ses innovations techniques et sa modernité, il a influencé de nombreux artistes, dont Desiderio da Settignano, Andrea Mantegna, Andrea Verrocchio et même Léonard de Vinci pour la perspective atmosphérique.

- Le souffle de vie qui anime ses statues et leur étonnante expressivité ont quant à eux marqué les sculpteurs ultérieurs, de Michel-Ange à Auguste Rodin. C'est sans doute par sa soif absolue de faire parler la matière que le génie de Donatello impressionne et fascine le plus.

POUR ALLER PLUS LOIN

SOURCES BIBLIOGRAPHIQUES

- Avery (Charles), *La Sculpture florentine de la Renaissance*, Paris, Le Livre de poche, 1996.
- Aston (Margaret), *Panorama de la Renaissance*, Paris, Thames & Hudson, 2003.
- Arasse (Daniel), *L'Homme en jeu : les génies de la Renaissance*, Paris, Hazan, 2008.
- Bec (Christian), *Florence. 1300-1600. Histoire et culture*, Nancy, Presses universitaires de Nancy, 1991.
- Bertelata (Giovanna Gaeta), *Donatello*, Paris, Scala, 1995.
- Berti (Luciano), Cecchi (Alessandro) et Natali (Antonio), *Donatello*, Florence, Gianti, 1986.
- Blondeau (Chrystèle) et Jacob (Marie), *L'Antiquité entre Moyen Âge et Renaissance*, Paris, PU Paris 10, 2011.
- Boutier (Jean), Landi (Sandro) et Rouchon (Olivier), *Florence et la Toscane. XIVe-XIXe siècle. Les dynamiques d'un État italien*, Rennes, Presses universitaires de Rennes, 2004.
- Burckhardt (Jacob), *La Civilisation de la Renaissance en Italie*, Paris, Bartillat, 2014.
- Burke (Peter), *La Renaissance en Italie*, Paris, Hazan, 1998.
- Collectif, *Du Gothique à la Renaissance. Les protagonistes italiens*, Paris, Hazan, 2004.
- Collectif, « Printemps de la Renaissance, sculpture et art de Florence », in *Les Dossiers de l'art*, n° 211, octobre 2013.
- Crouzet-Pavan (Élisabeth), *Les Renaissances italiennes. 1380-1500*, Paris, Albin Michel, 2013.
- Delumeau (Jean) et Lightbown (Ronald) (sous la dir.), *La Renaissance*, Paris, Seuil, 1996.

- « Donato di Betto Bardi, dit Donatello », in *Larousse*, consulté le 20/01/2015.
  http://www.larousse.fr/encyclopedie/personnage/Donato_di_Betto_Bardi_dit_Donatello/116851
- FICHT LYTLE (Guy) et ORGEL (Stephen), *Patronage in the Renaissance*, Princeton, Princeton University Press, 1981.
- JANSON (H.W.), *The Sculpture of Donatello*, Princeton, Princeton Press University, 1957.
- « La Renaissance », in *Grand Palais*, consulté le 15/01/2015.
  http://www.grandpalais.fr/fr/article/la-renaissance
- « La signification politique du *David* en bronze de Donatello », in *Revue de l'Art*, n° 39, 1978.
- « Le corps dans l'œuvre de Rodin », in *Musée Rodin*, consulté le 25/01/2015.
  http://www.musee-rodin.fr/fr/rodin/fiches-educatives/theme-le-corps-dans-loeuvre-de-rodin
- MÜNTZ (Eugène), *Les Précurseurs de la Renaissance*, Paris, J. Rouam, 1882.
- MÜNTZ (Eugène), *L'Histoire de l'art pendant la Renaissance. Italie, la fin de la Renaissance*, tome 3, Paris, Hachette, 1895.
- OLSON (Roberta), *La Sculpture de la Renaissance italienne*, Paris, Thames & Hudson, 1992.
- OLSSON (Patrick), « Donatello (1383 ou 1386-1466) », in *Encyclopaedia universalis*, consulté le 15/01/15.
  http://www.universalis.fr/encyclopedie/donatello
- POMMIER (Édouard), *Comment l'art devint l'art dans la Renaissance italienne ?*, Paris, Gallimard, 2007.
- POPE-HENNESSY (John), *Donatello*, Florence, Cantini, 1985.
- POPE-HENNESSY (John), *Italian Renaissance Sculpture*, Londres, Phaidon, 2000.
- ROWLEY (Neville), *Donatello. La renaissance de la culture*, Paris, A Propos, 2013.

- Schneider (l.), « Donatello's Bronze David », in *Art Bulletin*, n° 2, juin 1973.
- Wirtz (Rolf, C.), *Donatello. 1386-1486*, Paris, Könemann, 2005.

SOURCES ICONOGRAPHIQUES

- Donatello, *David*, vers 1435-1440, bronze, 158 cm, Florence, museo nazionale del Bargello. La photo reproduite est réputée libre de droits.
- Donatello, *Madeleine pénitente*, vers 1457, bois de peuplier polychrome, 188 cm, Florence, museo dell'Opera del Duomo. La photo reproduite est réputée libre de droits.
- Donatello, *Saint Georges*, vers 1415-1417, marbre, 214 cm, Florence, museo nazionale del Bargello. La photo reproduite est réputée libre de droits.
- Donatello, *Saint Georges et le dragon*, vers 1415-1417, marbre, 39 x 120 cm, Florence, museo nazionale del Bargello. La photo reproduite est réputée libre de droits.
- Donatello et Michelozzo, *Tombeau de l'antipape Jean XXIII*, 1425-1427, marbre et bronze, Florence, Santa Maria del Fiore, baptistère saint Jean. La photo reproduite est réputée libre de droits.
- Michel-Ange, *Moïse*, vers 1513-1515, marbre, 235 cm, Rome, église San Pietro in Vincoli. La photo reproduite est réputée libre de droits.
- Verrocchio (Andrea), *David*, 1473-1475, bronze, 126 cm, Florence, museo nazionale del Bargello. La photo reproduite est réputée libre de droits.

www.50minutes.com

Éditeur responsable : Lemaitre Publishing
Rue Lemaitre 6 | BE-5000 Namur
info@lemaitre-editions.com

ISBN ebook : 978-2-8062-6193-9
ISBN papier : 978-2-8062-6194-6
Dépôt légal : D/2015/12603/28
Photo de couverture : © *L'Annonciation* (vers 1435), par Donatello (détail).

Conception numérique : Primento,
le partenaire numérique des éditeurs